Nuria Carbonell Fernández

CUENTOS IMPRESCINDIBLES PARA DISFRUTAR EN EDUCACIÓN PRIMARIA

Nuria Carbonell Fernández

CUENTOS IMPRESCINDIBLES PARA DISFRUTAR EN EDUCACIÓN PRIMARIA

Aprender disfrutando, disfrutar aprendiendo

JustFiction Edition

Imprint

Cover image: www.ingimage.com

Publisher:
JustFiction! Edition
is a trademark of
Dodo Books Indian Ocean Ltd., member of the OmniScriptum S.R.L Publishing group
str. A.Russo 15, of. 61, Chisinau-2068, Republic of Moldova Europe
Printed at: see last page
ISBN: 978-620-3-57810-2

ÍNDICE

A todos los pequeños y grandes que sueñan de noche y también de día.

1. INTRODUCCIÓN

La utilización de cuentos en la etapa Primaria, que comprende a niños y niñas de entre seis y doce años de edad, es poco habitual. Normalmente, pasamos de leer cuentos de forma frecuente o casi diaria en Educación Infantil a usar directamente otro tipo de textos con los alumnos y alumnas que cambian de etapa.

Si bien es cierto que en esta etapa se amplía la gama textual y el estudio de la lengua de vuelve más complejo, no debemos pasar por alto que el cuento es un recurso maravilloso para disfrutar y seguir trabajando contenidos a lo largo de toda la etapa. Sí, con niños y niñas de quinto y sexto también.

No podemos obviar que el cuento es un texto sencillo y cercano al nivel evolutivo que atraviesan los niños y niñas en edad escolar. Además, la extensión del texto suele ser apropiada para el trabajo. Incluye ilustraciones, con las que podemos aprender expresión plástica y analizar el lenguaje no verbal. Existen numerosas temáticas interesantes, simplemente para divertirnos o incluso para afianzar valores (la empatía, el respeto, el amor, la diversidad...) o profundizar contenidos más abstractos, como pueden ser la muerte, el acoso escolar, la soledad, los celos, la autoestima...

En resumen, el cuento se convierte en un valioso instrumento de trabajo a nivel lingüístico y emocional que debemos aprovechar los docentes y las familias a través de su uso constante.

El siguiente texto pretende ser una fuente de inspiración para aquellos docentes, padres o madres que quieran incorporar el uso de los cuentos en su día a día, tanto en casa como en el centro educativo. Se ha hecho una selección de siete cuentos que son muy interesantes, bien por su temática, por los valores que transmiten, por la riqueza lingüística que aportan, por la sugerencia de sus ilustraciones... Además, el manuscrito que se desarrolla a continuación es un complemento a *La educación literaria en el contexto escolar,* publicado en 2018, en el que ya se justificó de forma más extensa la utilización de los cuentos en los colegios y se propuso la aplicación didáctica de otros cuentos extraordinarios.

2. CUENTO A CUENTO: APLICACIONES DIDÁCTICAS

2.1. Meilan, A. (2018). *Las llaves de los sueños*. Entre Nubes y Cuentos.

- SINOPSIS:

Dicen que con la primera estrella que brilla en el cielo se despiertan los sueños, Adele espera cada noche a ver brillar su estrella para comenzar una nueva aventura. Las llaves que guarda, en el cajón de su mesilla, abren un sueño diferente que harán de cada noche un momento especial. Y tu llave, ¿qué sueño abre?

(Extraído de www.casadellibro.com)

- EDAD RECOMENDADA PARA LAS ACTIVIDADES PROPUESTAS:

Tercero y cuarto de Educación Primaria.

- OBJETIVOS

- Escuchar y comprender el cuento seleccionado.
- Utilizar el lenguaje plástico para expresar una idea.
- Reflexionar sobre los miedos y preocupaciones.
- Investigar sobre las principales constelaciones.
- Inventar y representar una constelación.
- Concienciar al alumnado sobre la importancia de un descanso adecuado.
- Cultivar la imaginación y la creatividad.
- Despertar el gusto por la lectura recreativa.
- Disfrutar con las actividades propuestas.

- CONTENIDOS:

- Escucha activa.
- Expresión plástica.
- Los miedos y las preocupaciones.
- La importancia del descanso como hábito saludable.
- Principales constelaciones.
- Lectura por placer.
- Afianzamiento del hábito lector.

- ACTIVIDADES.

1. Creando expectación.

Antes de comenzar la lectura, mostraremos a los alumnos y alumnas un manojo de llaves de latón o bronce amarradas con una cinta azul, las cuales se pueden adquirir fácilmente en algunas webs de venta online. Estas llaves imitan a las que posteriormente saldrán en el relato.

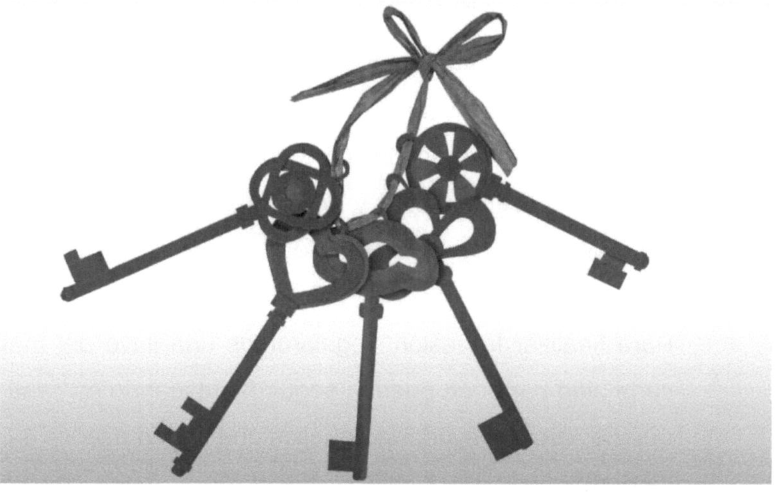

IMAGEN EXTRAIDA DEL CUENTO "LAS LLAVES DE LOS SUEÑOS"

Una vez mostradas las llaves, les preguntaremos a los niños y niñas de dónde pueden haber salido, qué es lo que abren dichas llaves y así fomentar su creatividad y alentar su ilusión por adentrarse en la historia.

2. Lectura del cuento.

Después de haber hecho todas las conjeturas contaremos el cuento para salir de dudas. Al haber llevado un objeto curioso, como el manojo de llaves, los alumnos y alumnas tendrán ganas de escuchar la historia e iniciarán la escucha con gran atención.

3. Asamblea.

La asamblea va a intentar recoger las ideas principales del cuento, y se va a centrar principalmente en hablar sobre los sueños y pesadillas que tiene nuestro alumnado. Creando un entorno de confianza pueden ir contando qué es lo que sueñan por las noches, si sueñan mucho o poco o si tienen algún miedo o preocupación. Seguramente habrá niños que tengan alguna inquietud y se sientan comprendidos por sus compañeros al hablar sobre ello.

Para finalizar la sesión, regalaremos una llave del manojo a cada niño para que puedan seguir fantaseando en casa y, por qué no, intentar ayudar a aquellos que tienen miedos a la hora de dormir.

4. El rincón de los sueños bonitos.

Utilizando la tapa de una caja de zapatos y algunos bloques de plastilina, cada niño va a crear, a modo de maqueta o escultura, una representación plástica de su sueño más bonito. Utilizando la plastilina podrán crear los personajes o las figuras que luego colocarán en la caja de zapatos para representar la escena. Pueden adjuntar una tarjeta con un resumen del sueño representado. Juntaremos todas las escenas para crear nuestro rincón de los sueños bonitos, que podrá ser visitado por el resto de la comunidad educativa.

5. Constelaciones.

Vamos a proyectar en la pizarra digital una de las páginas del cuento. En ella se ve el cielo estrellado y se señalan algunas constelaciones.

Hablaremos sobre qué son las constelaciones y buscaremos las más conocidas. Este es un tema que suele gustar mucho a los niños y niñas de esta edad, por lo que la investigación se puede alargar según sus intereses.

Posteriormente, crearemos nuestra propia constelación y le pondremos un nombre. Para ello utilizaremos una cartulina azul oscura, que hará de cielo, pegatinas en forma de estrella, una regla y un rotulador para unir los puntos y formar la constelación. Pondrán un nombre a la constelación y las colocaremos en el techo de la clase para crear nuestro cielo estrellado particular.

6. La importancia del descanso

Pediremos a los alumnos y alumnas que apunten en casa a qué hora se acuestan y a qué hora se levantan todos los días. En clase, y utilizando la pantalla digital, rellenaremos un gráfico en el que se muestre de forma visual el número de horas que duerme cada niño. Les explicaremos que un niño de su edad debe dormir entre 9 u 11 horas al día para estar sano, incluso podemos investigar qué ocurre en nuestro cuerpo mientras dormimos para que reflexionen sobre la importancia de un buen descanso.

Para terminar la actividad, propondremos una sesión de relajación. Podemos utilizar música relajante, luz tenue, podemos contar una historia mientras los alumnos están con los ojos cerrados, pueden darse masajes entre ellos...

2.2. Macrì, G. (2019). *El Muro*. Edicions Llibreria Universitària de Barcelona, SL.

- SINOPSIS:

"Los muros nos separan, pero el futuro se construye con la ayuda de todos".

El Muro cuenta la historia de un Rey que vive en el reino de los azules. Un día, sale a pasear con uno de sus sirvientes y descubre que en su reino hay más personas que no son como él. Molesto, manda construir un muro que separe a los azules del resto de colores. Cuando ya lo ha conseguido, empieza a necesitar cosas para estar feliz (un jardín, un teatro, caminos, una torre…). Poco a poco se dará cuenta de lo importante que son las demás personas para construir y sumar dentro de su reino.

Una obra gráfica para grandes y pequeños que da mucho que hablar sobre la migración, la tolerancia, la cooperación y el respeto.

- EDAD RECOMENDADA PARA LAS ACTIVIDADES PROPUESTAS:

Quinto y sexto de Educación Primaria.

- OBJETIVOS

- Escuchar y comprender el cuento seleccionado.
- Dramatizar una historia.
- Reflexionar sobre la inmigración, la desigualdad, la solidaridad y el respeto al prójimo.

- Investigar sobre la situación de los refugiados en el mundo y en España.
- Proponer posibles soluciones a la problemática de la inmigración en nuestro planeta.
- Concienciar al resto de la población de la importancia de la fraternidad y la paz para vivir en sociedad.
- Cultivar la imaginación y la creatividad.
- Despertar el gusto por la lectura recreativa.
- Disfrutar con las actividades propuestas.

- CONTENIDOS:
  - Escucha activa.
  - Dramatización.
  - La situación de los refugiados.
  - La inmigración, la solidaridad, la fraternidad, la desigualdad y la paz.
  - Responsabilidad individual ante los acontecimientos del mundo.
  - Lectura por placer.
  - Afianzamiento del hábito lector.

- ACTIVIDADES.

  <u>1. Lectura del cuento.</u>

  Como en este caso las ilustraciones son esenciales para la comprensión del mensaje se puede optar por escanear las imágenes y proyectarlas para poder verlas todos a la vez mientras el adulto va contando la historia.

2. Dramatización.

Una vez escuchado el cuento, señalaremos a los alumnos y alumnas de diferentes colores, pintando la mano, la cara o poniendo un pañuelo de color atado en alguna parte del cuerpo. En esta ocasión, dramatizaremos cada una de las páginas disponiendo a los alumnos en diferentes colocaciones, según la fase del cuento. Es una buena manera de volver a escuchar la historia y ponerse en el papel de los personajes que aparecen. Con esta actividad se pretende profundizar en el contenido del texto para que capten bien el mensaje.

3. Dinámica de grupo.

Utilizando las mismas distinciones de color que hemos usado en la dramatización, acudiremos al gimnasio del centro en el que se habrá preparado previamente un muro con bloques de gomaespuma, bancos y demás elementos que puedan ser de utilidad. Entre todos los alumnos y alumnas tendrán que idear una estrategia para derribar el muro y poder estar todos juntos, sin fronteras.

4. Asamblea.

Como ya hemos comprendido el contenido del álbum, vamos a hablar de todas las cosas importantes que aparecen. Podemos recuperar las ilustraciones que habíamos proyectado e ir comentando cada una de ellas. Por ejemplo:

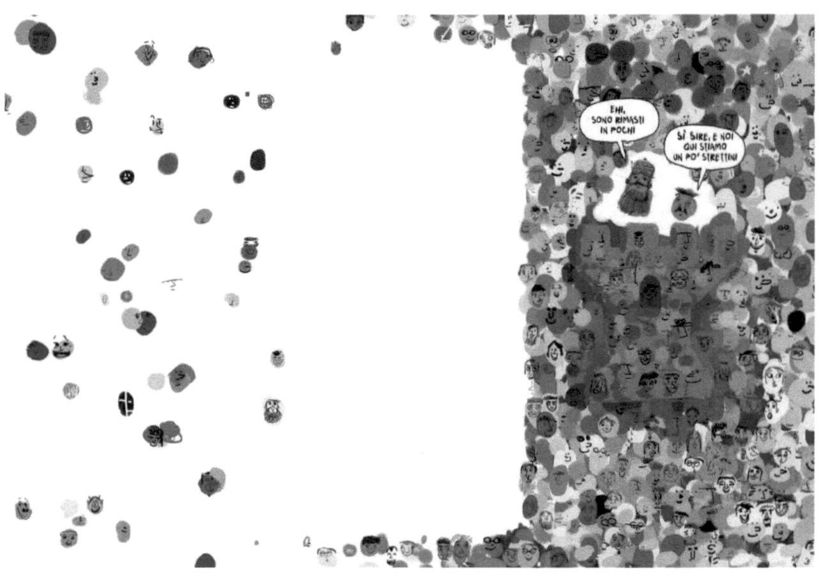

IMAGEN DEL LIBRO "IL MURO"

Utilizando esta imagen podemos pensar qué diferencia hay entre las dos zonas que separa el muro, qué es lo que les ha llevado a esa situación, cuál es el problema que se encontrarían si todos los personajes se quedan en la misma página, qué soluciones podemos aportar... Y finalmente podríamos establecer un paralelismo entre la situación descrita y nuestra realidad actual.

5. Investigamos hechos actuales.

Al hilo de todo lo que hemos comentado en la asamblea, vamos a elegir alguno de los temas que han surgido en el discurso para investigar más sobre ello.

Un tema muy actual y que nos preocupa mucho es la situación de los refugiados en el mundo en general y en España en particular. Por ello, vamos a indagar qué es lo que ha ocurrido, por qué, cuál es la situación a la que hemos llegado y así aportar posibles soluciones. Como es un tema muy amplio, una buena opción de trabajo es crear una webquest sobre el tema a tratar. En ella, se pueden plantear preguntas cuyas respuestas se encuentran en enlaces proporcionados relativos a noticias de prensa, vídeos explicativos, imágenes...

De acuerdo con sus desarrolladores, Bernie Dodge y Tom March, una Webquest es una actividad orientada a la investigación en la que la mayor parte de la información que se debe usar está en la Web. Es un modelo que pretende rentabilizar el tiempo de los estudiantes, centrarse en el uso de la información más que en su búsqueda y reforzar los procesos intelectuales en los niveles de análisis, síntesis y evaluación.

Según los autores hay varias formas de practicar, de forma efectiva, el aprendizaje cooperativo; una de ellas es el uso de Internet y Webquest. La Webquest usa el mundo real, y tareas auténticas para motivar a los alumnos; su estructura es constructivista y por tanto fuerza a los alumnos a transformar la información y entenderla; sus estrategias de aprendizaje cooperativo ayudan a los estudiantes a desarrollar habilidades y a contribuir al producto final del grupo.

Las Webquests ofrecen un modelo ideal para los docentes que buscan la manera de integrar Internet en el aula. Cada WebQuest tiene una tarea clara o un problema específico con una gran cantidad de enlaces que se relacionan con un tópico o con el contenido del área de estudio de un curso determinado.

Fuente: *www.juntadeandalucia.es*

5. Inventamos nuevas historias con los mismos personajes.

Utilizando la idea de los autores del cuento, vamos a inventar alguna historia cuyos protagonistas sean los personajes de todos los colores. El cuento original habla de desigualdades, inmigración, solidaridad, fraternidad, convivencia... Pero el mundo actual afronta numerosos problemas que nada tienen que ver con esta temática. Se puede proponer una lluvia de ideas sobre los problemas mundiales y elegir uno de ellos para el desarrollo de nuestro cuento.

2.3. De Dios, O. (2016). *Leotolda*. Apila Ediciones.

- SINOPSIS:

Leotolda es una aventura fantástica que alcanzará su fin con el poder de tu creatividad.
Un viaje basado en la amistad, en el que descubrimos cómo las experiencias nos ayudan a crecer.
Deja que tu curiosidad abra las puertas.

***Leotolda** es una aventura fantástica que nos habla de amistad y cooperación a partir de un viaje en el que sus personajes nos guían a escenarios muy diferentes. Este cuento es una obra que nos motiva a hacer uso de la creatividad como herramienta para afrontar los retos.*

***Leotolda**, no es tan solo un libro, sino un proyecto creativo abierto y en crecimiento.*

Todas las ilustraciones de esta obra las he realizado con tres tintas.

(Extraído de https://olgadedios.es)

- EDAD RECOMENDADA PARA LAS ACTIVIDADES PROPUESTAS:
Primero y segundo de Educación Primaria.

- OBJETIVOS

- Escuchar y comprender el cuento seleccionado.
- Utilizar el lenguaje plástico para plasmar paisajes.
- Reflexionar sobre la amistad y la cooperación.
- Investigar sobre la contaminación del mar.
- Utilizar los números de forma lúdica para hacer juegos matemáticos.
- Cultivar la imaginación y la creatividad.
- Despertar el gusto por la lectura recreativa.
- Disfrutar con las actividades propuestas.

- CONTENIDOS:

- Escucha activa.
- Expresión plástica.
- La amistad y la cooperación.
- Los paisajes.
- Juegos matemáticos.
- La contaminación marina.
- Lectura por placer.
- Afianzamiento del hábito lector.

- ACTIVIDADES.

  1. Creando expectación.

  Antes de comenzar con la lectura del cuento, vamos a jugar al juego de "el ahorcado" para adivinar el título.

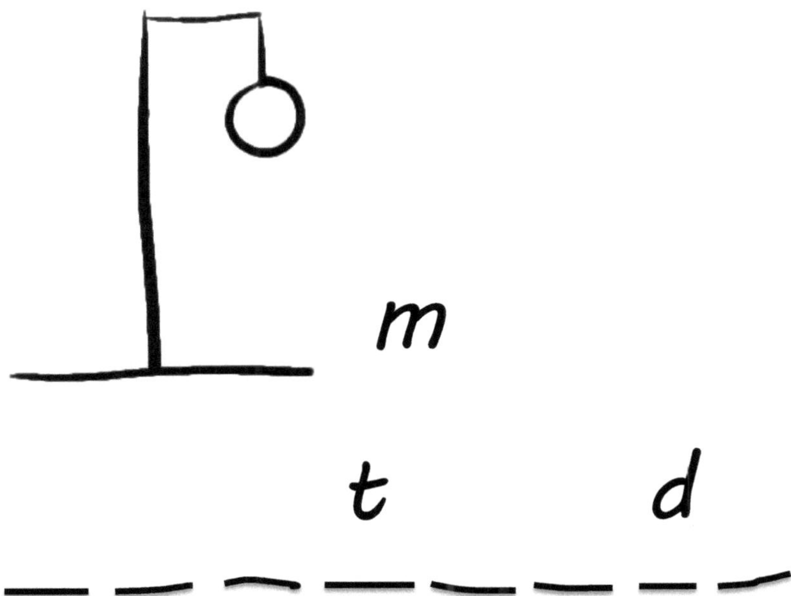

2. Contamos el cuento.

Una vez han descubierto el nombre del cuento, podemos preguntarles quién creen que es Leotolda, si será un animal, una persona o un ser fantástico… Con todas las hipótesis en el aire, contamos el cuento y observamos que finalmente no se resuelve nuestra duda, pero podemos indagar si han cambiado o no de opinión una vez escuchada la historia y después de saber cómo es ella.

3. Dibujamos a Leotolda.

En el cuento, los amigos de Leotolda van haciendo una descripción de su amiga con el fin de dar pistas a quienes se van encontrando para ver si así dan con ella. Con todas las cosas que sabemos de ella, vamos a hacer un dibujo y así terminar el cuento.

Recuerda que Leotolda es...

Grande

Redonda

De muchos colores

Siempre dice lo que piensa

Canta fatal

4. Asamblea: la amistad y la cooperación

A lo largo del cuento, los personajes van mostrando rasgos de su personalidad: valentía, prudencia, capacidad de reflexión, impulsividad, miedo... Y también vemos cómo se ayudan entre ellos para conseguir su objetivo. En esta ocasión, hablaremos sobre la importancia de la amistad. Para ello, podemos empezar describiendo a cada uno de los amigos de Leotolda y reflexionando sobre la manera en que se apoyan los unos en los otros para afrontar las situaciones a las que se deben enfrentar.

Podemos ahora recapacitar sobre nuestra propia personalidad y la de nuestros amigos y amigas, reflexionando sobre la importancia de cuidar a las personas importantes de nuestra vida. Para finalizar esta asamblea, vamos a confeccionar medallas de la amistad para regalar a nuestros mejores amigos.

5. Juegos matemáticos.

Aprovechando que en el cuento salen 49 ovejas numeradas, vamos a elaborar un material que nos va a servir para desarrollar juegos matemáticos con distintos niveles de dificultad.

En primer lugar, debemos elaborar nuestras propias ovejitas. Para eso, pintaremos y decoraremos cada una de ellas, tomando como ejemplo las ovejas del cuento.

Una vez tengamos nuestras ovejitas, podemos trabajar con los números adaptando los contenidos que queramos impartir. Por ejemplo:

- Ordenar las ovejas de mayor a menor o de menor a mayor.

- Pensar o escribir la oveja anterior y la posterior a una dada.

- Reflexionar sobre las unidades y las decenas.

- Sumar y restar dos o más ovejas.

6. Dibujamos paisajes

A lo largo del cuento van saliendo diferentes tipos de paisajes y escenarios: la casa de Leotolda, el Parque de Dinosaurios, la Playa de las Sirenas, el fondo del mar, la isla y la Luna. Cada uno de los niños va a elegir un escenario que no aparezca en el cuento (un bosque, una ciudad, una piscina...) y va a plasmarlo en una lámina utilizando pinturas especiales (témperas, acuarelas...). Con todos los lugares, elaboraremos nuestro propio fragmento del cuento en el que los amigos de Leotolda la seguirán buscando.

7. Los residuos de la ballena

Una de las imágenes del cuento es una ballena llena de cosas:

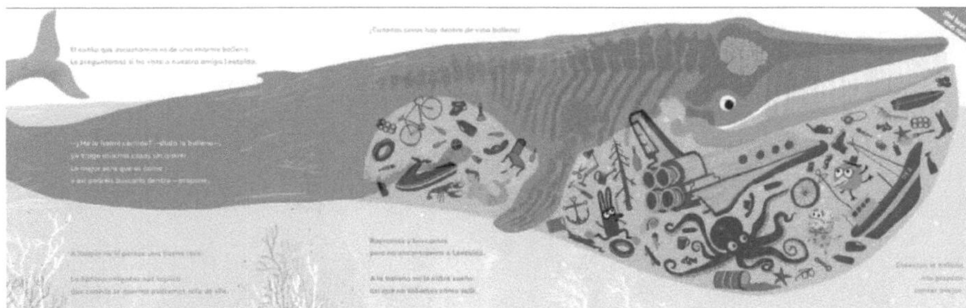

Observando la imagen, haremos un listado de las cosas que hay dentro de la ballena, clasificándolas de la siguiente manera:

NO DEBERÍA ESTAR	SÍ DEBE ESTAR

Investigaremos si en la vida real pasa algo parecido y propondremos soluciones para que no ocurra.

2.4. Iglesias, G. (2017). *Marcelina en la Cocina*. Jaguar.

- SINOPSIS:

La jirafa Marcelina, que no sabe de cocina, quiere hacer una gran cena que le guste a su sobrina. ¡Ya podéis imaginaros el lío que se va a armar! Sus amigos le aconsejan mil cosas disparatadas y la cena se convierte en una fiesta alocada. ¡Ay, querida Marcelina! ¡Qué desastre de cocina. ¿Cómo lo vas a arreglar? ¡¿Y qué vamos a cenar?!

(Extraído de www.casadellibro.com)

- EDAD RECOMENDADA PARA LAS ACTIVIDADES PROPUESTAS:

Primero y segundo de Educación Primaria.

- OBJETIVOS

- Escuchar y comprender el cuento seleccionado.
- Reflexionar sobre la importancia de una dieta equilibrada.
- Utilizar el lenguaje plástico para representar la pirámide alimenticia.
- Entender y utilizar rimas.
- Investigar diferentes recetas de cocina.
- Cultivar la imaginación y la creatividad.
- Despertar el gusto por la lectura recreativa.
- Disfrutar con las actividades propuestas.

- CONTENIDOS:

- Escucha activa.
- Expresión plástica.

- Hábitos saludables: la dieta equilibrada.
- La pirámide alimenticia.
- La rima.
- Lectura por placer.
- Afianzamiento del hábito lector.

- ACTIVIDADES.

1. Creando expectación.

Presentaremos a los alumnos y alumnas una olla, y les diremos que una amiga que no sabe cocinar muy bien ha intentado elaborar una receta. ¿Qué ingredientes habrá utilizado?, ¿qué plato habrá cocinado? Hacemos hipótesis.

2. Leemos el cuento.

Teniendo la olla presente y colocándola en el medio para que la puedan manipular todos, iremos contando el cuento e irán saliendo los alumnos de uno en uno para simular que echan los ingredientes que Marcelina utiliza para su sopa. Este paqueño juego potenciará el mantenimiento de la atención y la ilusión por conocer la historia.

3. Recetas de cocina.

Pediremos a los niños y niñas que traigan de casa una receta de cocina de un plato que les guste mucho. Pueden utilizar una plantilla como la que se muestra a continuación para que vean claramente las partes de este tipo de texto.

RECETA DE COCINA

NOMBRE DEL PLATO:

PAÍS DE ORIGEN: ______________________________

INGREDIENTES

PROCESO DE ELABORACIÓN:

____

____

____

____

____

Pondremos en común todas las recetas que han traído los alumnos, y veremos si algunas se repiten, si algunos platos no los hemos probado o si hay alguno que nos gustaría probar. Con todas las recetas haremos nuestro libro recetario encuadernado, que formará parte de nuestra biblioteca de aula y podrá ser llevado a casa de los alumnos por turnos para compartir el trabajo con las familias.

4. Rimas.

El cuento está escrito en verso, y en él podemos entender y buscar rimas. Por ejemplo:

Después de explicar el concepto de rima y haber puesto ejemplos, dividiremos a la clase en grupos, y a cada uno de ellos les daremos una página del cuento. Entre todos, tendrán que apuntar qué palabras riman en esa página. Haremos posteriormente una puesta en común.

Posteriormente propondremos un juego utilizando palos de madera (tipo polo) que contengan palabras que rimen entre sí. Podemos dar un palito a cada niño, quien tendrá que buscar su pareja. Cuando estén todos emparejados, el juego terminará viendo qué palabras han salido. Se puede aumentar la dificultad escribiendo en los palos palabras que rimen de tal forma que pueda haber más de una posibilidad de agrupamiento.

- **Propuesta de palabras para apuntar en los palos:**

NADAR

DESCANSAR

BICICLETA

PLANETA

FELICES

DIRECTRICES

PANTERA

MADERA

NOCHE

COCHE

LIMPIEZA

PEREZA

5. Asamblea: la dieta saludable.

Después de haber hablado de tantos ingredientes y recetas, vamos a reflexionar sobre la importancia de llevar una alimentación saludable para encontrarnos bien. Hablaremos de los alimentos saludables y no saludables y haremos una clasificación básica para que entiendan la pirámide alimenticia.

Utilizando revistas de supermercados o tiendas de alimentación, vamos a elaborar nuestra propia pirámide recortando alimentos de las revistas y pegándolos en la plantilla previamente preparada en la pared.

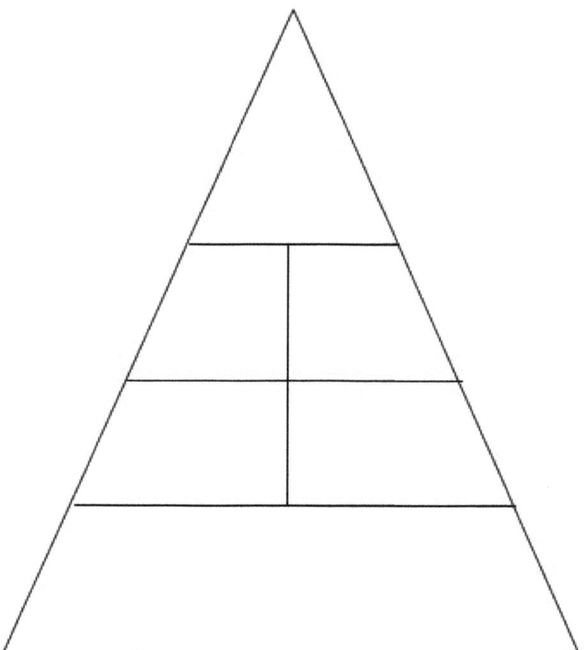

2.5. Núñez, M. (2020). *Atrapamiradas*. Kalandraka.

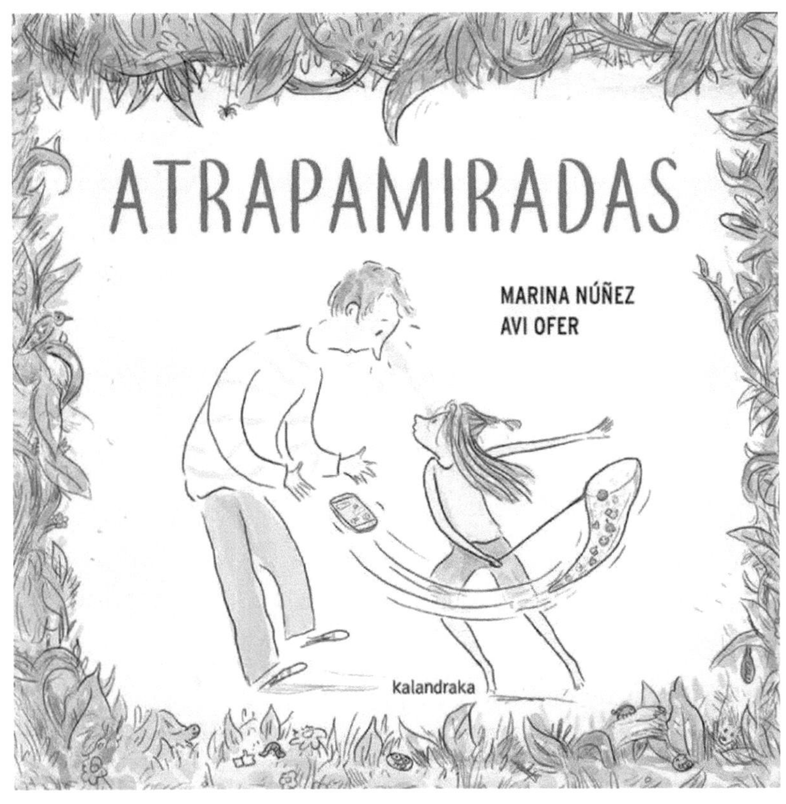

- SINOPSIS:

"Hoy Vera se ha levantado animada, dispuesta a encontrar una solución de una vez por todas. Hace ya tiempo que anda preocupada y esta mañana, por fin, ha decidido salir a atrapar miradas. Se cruza con mucha gente, pero... ¿¡miradas!? no encuentra ninguna..." «Atrapamiradas» es el espejo de la realidad en la que muchas niñas y niños se ven reflejados cada día, con la sociedad enganchada a los dispositivos móviles. Pero por infinita que sea la oferta de llamadas, mensajes, fotos, música, redes sociales, aplicaciones y páginas web por las que navegar, nada es equiparable a "las cosas más maravillosas" que se pueden apreciar, no a través de una pantalla, sino de la retina.

(Extraído de www.casadellibro.com)

- EDAD RECOMENDADA PARA LAS ACTIVIDADES PROPUESTAS:

  Quinto y sexto de Educación Primaria.

- OBJETIVOS

- Escuchar y comprender el cuento seleccionado.
- Analizar críticamente el uso de las pantallas en la sociedad actual.
- Hablar abiertamente sobre las emociones.
- Utilizar el lenguaje plástico para ilustrar un cuento inventado.
- Proponer alternativas a las pantallas.

- Interpretar el significado de las ilustraciones de un cuento.
- Cultivar la imaginación y la creatividad.
- Despertar el gusto por la lectura recreativa.
- Disfrutar con las actividades propuestas.

- CONTENIDOS:

- Escucha activa.
- Pensamiento crítico.
- Emociones.
- Expresión plástica.
- - Análisis y elaboración de ilustraciones.
- Lectura por placer.
- Afianzamiento del hábito lector.

- ACTIVIDADES.

1. Contamos el cuento

Antes de comenzar a contar el cuento sacaremos un teléfono móvil y explicaremos que este aparato es el protagonista del cuento. Pueden formular hipótesis sobre qué es lo que ocurre con el teléfono o de qué va a ir la historia.

Seguidamente contaremos el cuento enseñando las ilustraciones, que en este caso tienen un peso importante.

2. Asamblea: ¿nos sentimos identificados?

Una vez contado el cuento, comenzaremos la asamblea para ver si los alumnos y alumnas se sienten identificados con Vera, la protagonista. Hablaremos sobre el uso que dan los jóvenes y los adultos a los aparatos electrónicos, y esperaremos a que cada uno cuente su experiencia. Dependiendo de cómo se maneje este tema en casa, lo estarán viviendo de una manera u otra. También es posible que ellos mismos tengan ya algunos dispositivos, como tabletas, ordenadores o incluso teléfonos móviles. En ese caso, nos pueden contar cómo los utilizan.

3. Dispositivos electrónicos que tenemos en casa

Para poder conversar mejor sobre este tema vamos a pedir a los niños y niñas que hagan un listado de aparatos electrónicos que tienen en casa y el uso que se les da. Podemos pedir colaboración familiar para completar la plantilla dada.

NOMBRE DEL APARATO	¿DE QUIÉN ES?	¿PARA QUÉ LO UTILIZA?	¿CUÁNTO TIEMPO LO UTILIZA?

Cuando tengamos las plantillas completadas por cada familia, haremos un análisis y puesta en común de todas ellas.

4. "Leyendo" ilustraciones.

En este cuento, al igual que en la mayoría, es muy importante el lenguaje no verbal transmitido por las ilustraciones. En este caso, vamos a recopilar unas cuantas imágenes para analizar con más detenimiento. Dividiremos a los niños y niñas en equipos y a cada uno des daremos una imagen extraída del propio cuento. Por ejemplo:

-¡Deja eso, que lo vas a romper!

Cada equipo deberá reflexionar sobre:

- ¿Qué está ocurriendo?

- ¿Cómo se sienten los personajes que están representados?

- ¿Has visto o vivido alguna situación parecida a tu alrededor?

Posteriormente haremos una puesta en común con todas las imágenes.

5. Emociones

A lo largo del cuento, la protagonista muestra sus emociones y sentimientos en varias ocasiones. A veces únicamente en las ilustraciones y otras también a través del texto que acompaña a cada imagen. Podemos proyectar el cuento en la pizarra digital y recopilar las emociones de Vera, tanto escritas con palabras como las representadas en las ilustraciones. Algunos ejemplos son:

TEXTO ESCRITO:

animada

preocupada

emocionada

IMÁGENES:

Los días pasaban, y seguía sin conseguir su objetivo,
y una desagradable sensación le fue creciendo en el pecho.

Una vez identificadas las emociones de Vera, vamos a reflexionar sobre las nuestras propias a través de una asamblea. Cada niño o niña elegirá una de las emociones con la que se sienta identificado y expondrá el motivo de su elección. Puede contarnos alguna situación en la que se siente así.

6. Aficiones sin pantallas.

Para finalizar las actividades relacionadas con este cuento, vamos a analizar las situaciones de la vida cotidiana que los mayores se pierden mientras están atentos a sus dispositivos: un arco iris, un perro precioso con el que nos cruzamos, una historia que alguien nos quiere contar... Y escribiremos nuestro propio cuento. Con un título dado, cada niño hará una hoja con texto e ilustración.

Título del cuento:

ÉRASE UNA VEZ UN MUNDO SIN PANTALLAS

Ejemplo de página:

2.6. Isern, S. (2017). *Daniela Pirata*. Elkar.

- SINOPSIS:

Daniela sueña con ser pirata en el Caimán Negro. Pero Orejacortada y sus piratas no parecen muy contentos con la idea. Daniela tendrá que pasar difíciles pruebas. Pero, ¿y si estos piratas no quieren chicas en su barco?

(Extraído de www.casadellibro.com)

- EDAD RECOMENDADA PARA LAS ACTIVIDADES PROPUESTAS:

Quinto y sexto de Educación Primaria.

- OBJETIVOS

- Escuchar y comprender el cuento seleccionado.
- Reflexionar críticamente sobre el machismo.
- Utilizar el lenguaje plástico para elaborar un parche pirata.
- Identificar y utilizar adjetivos.
- Aprender curiosidades sobre los animales marinos.
- Investigar diferentes itinerarios marinos.
- Trabajar con coordenadas.
- Cultivar la imaginación y la creatividad.
- Despertar el gusto por la lectura recreativa.
- Disfrutar con las actividades propuestas.

- CONTENIDOS:

- Escucha activa.
- Expresión plástica.
- Pensamiento crítico.

- Adjetivos.
- Rutas e itinerarios.
- Coordenadas.
- Animales marinos.
- Lectura por placer.
- Afianzamiento del hábito lector.

- ACTIVIDADES.

1. Creando expectación

Enseñaremos la portada del cuento para que lean el título y vean la ilustración. Como muchas veces, intentaremos anticipar el contenido de la historia y en esta ocasión observaremos si hay algún tipo de estereotipo de género creado. Posteriormente procederemos a contar el cuento.

2. Asamblea: cosas de chicos y cosas de chicas.

Analizaremos el contenido del cuento y centraremos nuestra asamblea en conversar sobre lo que le ocurrió a Daniela: no podía ser pirata porque era una chica. Reflexionaremos si, en la sociedad actual, observamos este tipo de patrones en algunos campos: juegos de chicos y de chicas, deportes, actividades, prendas de vestir, colores... Para concluir que cada persona puede hacer lo que se proponga, vestir como quiera o jugar a lo que más le guste, independientemente de su sexo.

3. Adjetivos: ¿qué cualidades debe cumplir un buen pirata?

Según los piratas del cuento, Daniela tenía que ser fuerte, valiente, mala cocinera, pescadora, rápida, fuerte, sigilosa y orientada. Y además, chico. Preguntaremos a los niños y niñas cuáles creen que son, según ellos, las cualidades de un buen pirata y tacharemos o incluiremos en la lista las capacidades que consideren. Por ejemplo:

un buen pirata tiene que ser paciente, ya que viaja muchas horas seguidas. Haremos unos carteles con todas las cualidades en forma de adjetivo y los pegaremos en nuestro mural pirata.

4. Animales marinos.

Aprovechando la pesca de Daniela, vamos a investigar sobre algunos animales marinos. Cada equipo se encontrará alunas fotos de animales en sus mesas. Los componentes del equipo debatirán sobre qué animal puede ser y luego haremos una puesta en común con el resto de la clase. Es interesante que haya algunos que ya conozcan y otros que sean más desconocidos. Algunos ejemplos pueden ser:

TIBURÓN

CABALLITO DE MAR

PULPO

ATÚN

PEZ PAYASO

ESTRELLA DE MAR

MEDUSA

TORTUGA DE MAR

CANGREJO

GAMBA

DELFÍN

PEZ GLOBO

MANTARAYA

BALLENA

Una vez sabemos los animales que hay, repartiremos uno a cada pareja, y cada pareja tendrá que encargarse de buscar información sobre dicho animal cumplimentando la siguiente plantilla.

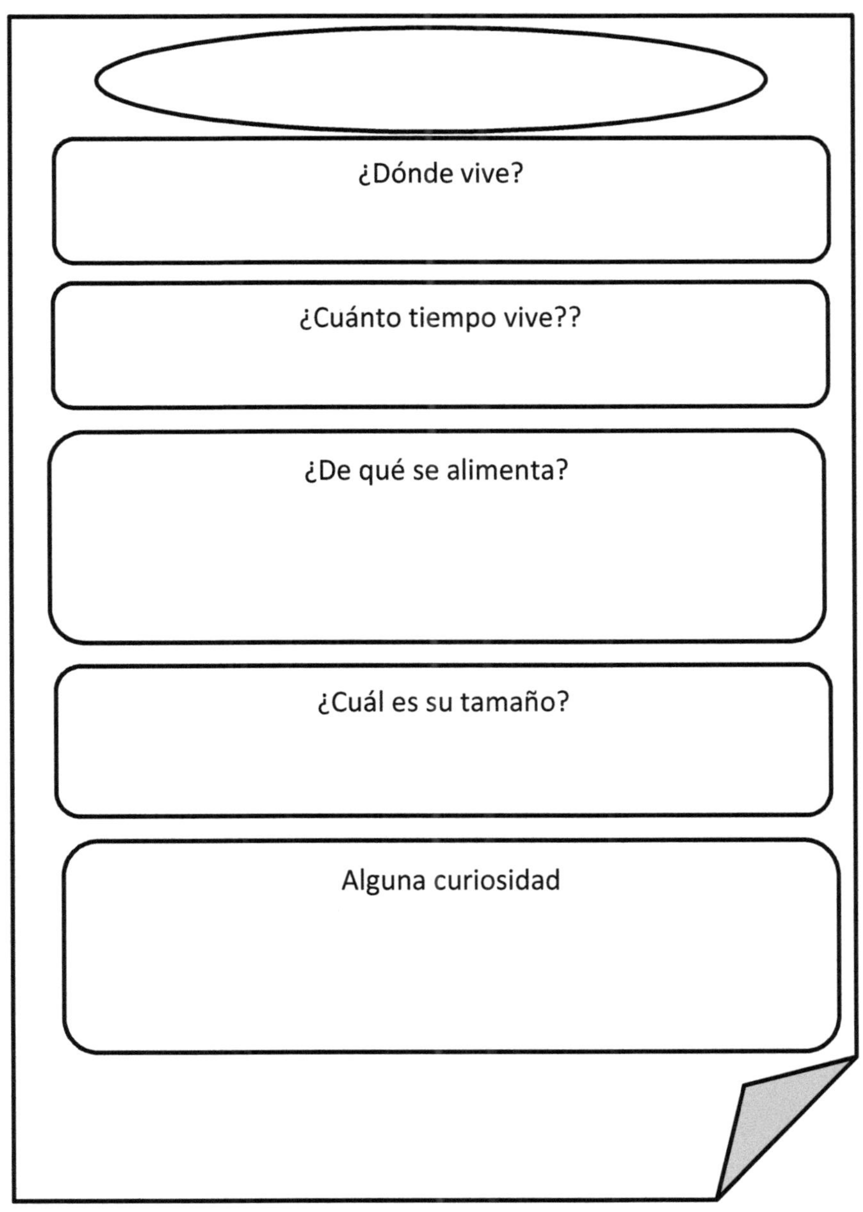

5. Itinerarios: aprendemos mares y océanos.

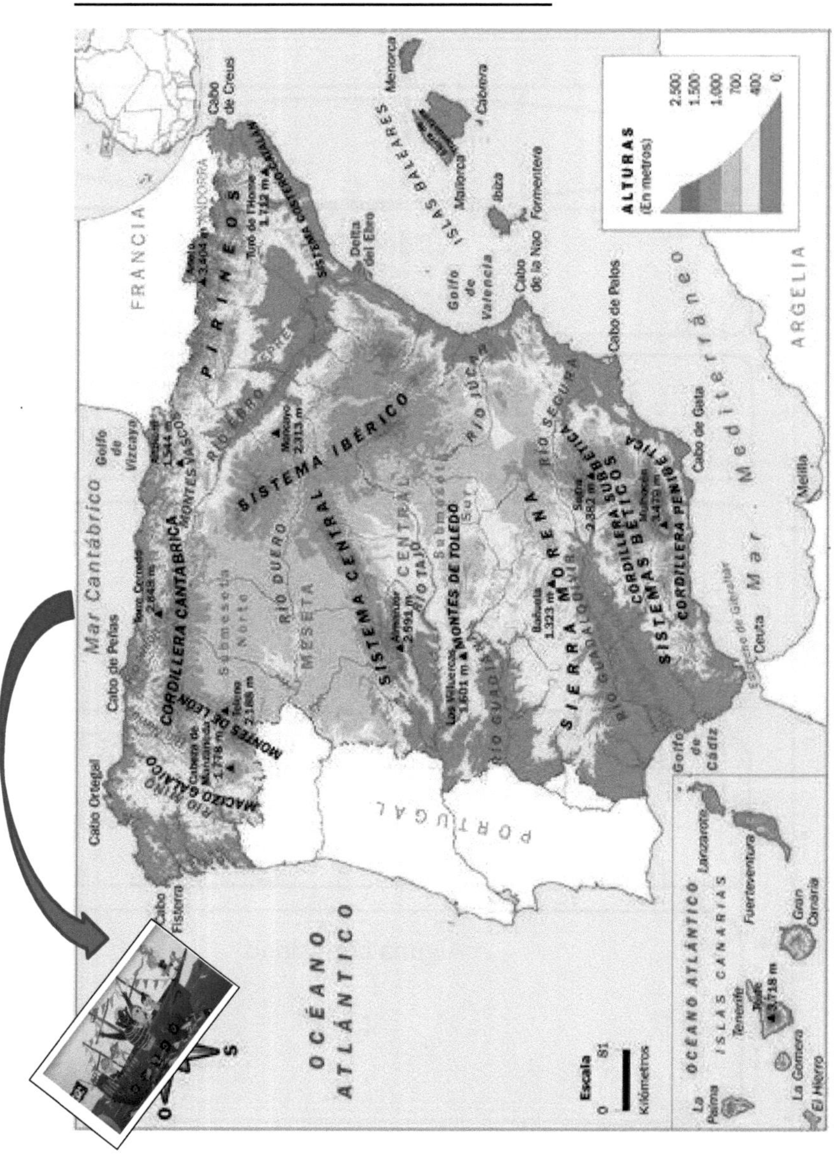

Utilizando el Caimán Negro como medio de transporte, recorreremos los mares y océanos que rodean a la Península. Podemos trazar diferentes recorridos navegando de unos puertos a otros. Por ejemplo: el Caimán Negro tiene que salir del puerto de Valencia para llegar al puerto de Vigo, ¿por dónde tiene que ir?, ¿cuáles son los lugares por donde pasa a lo largo de su recorrido?...

6. Jugamos al juego *Hundir la Flota.*

Aprovechando la temática, vamos a enseñar a los alumnos y alumnas a jugar al juego *Hundir la Flota*. Para ello, deberán usar coordenadas y reforzaremos contenidos matemáticos. Si no tenemos el juego físicamente, encontraremos en línea numerosos recursos imprimibles para jugar sin necesidad de tener más que unas cartulinas y una impresora.

7. Nuestro parche pirata.

Para finalizar las actividades propuestas sobre este maravilloso cuento, elaboraremos nuestro propio parche pirata utilizando goma elástica negra y tela negra de fieltro. Únicamente hay que recortar la tela en forma de parche, hacerle dos agujeros en la parte superior y enganchar el parche en el trozo de goma cortada a medida de cada cabeza.

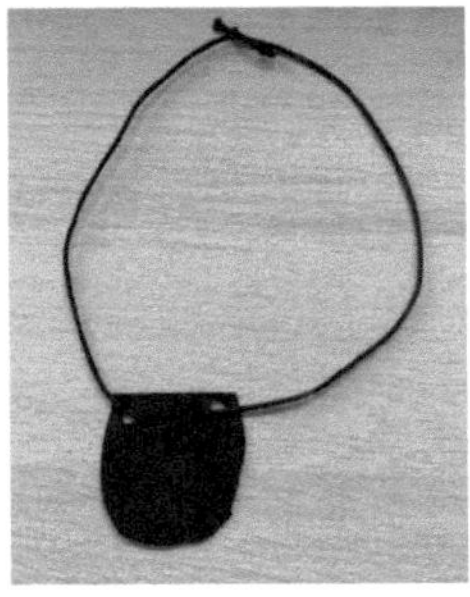

2.7. Valdivia, P. (2019). *Los de arriba y los de abajo.* Kalandraka.

- SINOPSIS

En el mundo existen dos tipos de habitantes: los de arriba y los de abajo. Los de arriba viven igual que los de abajo. Y los de abajo viven igual que los de arriba, pero al revés. Un canto a favor de la convivencia entre las personas de cualquier lugar.

(Extraído de https://www.kalandraka.com/)

- EDAD RECOMENDADA PARA LAS ACTIVIDADES PROPUESTAS:

Tercero y Cuarto de Educación Primaria.

- OBJETIVOS

- Escuchar y comprender el cuento seleccionado.
- Reflexionar sobre la importancia de una buena convivencia.
- Utilizar el lenguaje plástico para representar con plastilina los dos mundos del cuento.
- Entender que la tierra está formada por dos hemisferios.
- Investigar y respetar diferentes culturas.
- Cultivar la imaginación y la creatividad.
- Despertar el gusto por la lectura recreativa.
- Disfrutar con las actividades propuestas.

- CONTENIDOS:

- Escucha activa.
- Expresión plástica.
- La convivencia.
- Los hemisferios terrestres.

- Diversidad cultural.
- Lectura por placer.
- Afianzamiento del hábito lector.

- ACTIVIDADES.

1. Contamos el cuento.

El cuento propuesto tiene unas ilustraciones que son de suma importancia para la comprensión del mismo, por lo que en esta ocasión resultará interesante proyectarlas mientras se cuenta la historia. Podemos, por ejemplo, escanear cada imagen e ir pasando cada una a medida que avanza el argumento. Aprovechando el formato digital de las ilustraciones podemos proyectar las imágenes de cada mundo y darles la vuelta a nuestra conveniencia para observar los detalles de cada dibujo.

2. Asamblea: la importancia de una buena convivencia.

Aprovechando la temática del cuento, organizaremos una asamblea para reflexionar sobre temas relacionados con la consecución de una buena convivencia entre personas diferentes. Podemos lanzar diferentes preguntas, de este estilo:

- En la vida real, ¿somos todos iguales?

- Si fuéramos todos iguales, ¿sería el mundo más divertido o más aburrido?

- ¿Qué diferencias encontramos entre los niños de la clase?

- ¿Hay diferencias que nos molestan de otras personas?

- ¿Alguna vez has observado que alguien no se siente bien por sentirse diferente a los demás?, ¿qué podemos hacer en este caso?

En todo caso, podemos abordar este tema desde diferentes perspectivas y teniendo en cuenta la experiencia y la visión que tiene le grupo sobre este tema.

3. <u>Observamos las similitudes y las diferencias.</u>

Una vez han escuchado la historia, proyectaremos cada una de las imágenes con detenimiento para buscar las similitudes y las diferencias entre cada uno de los personajes representados. Por ejemplo:

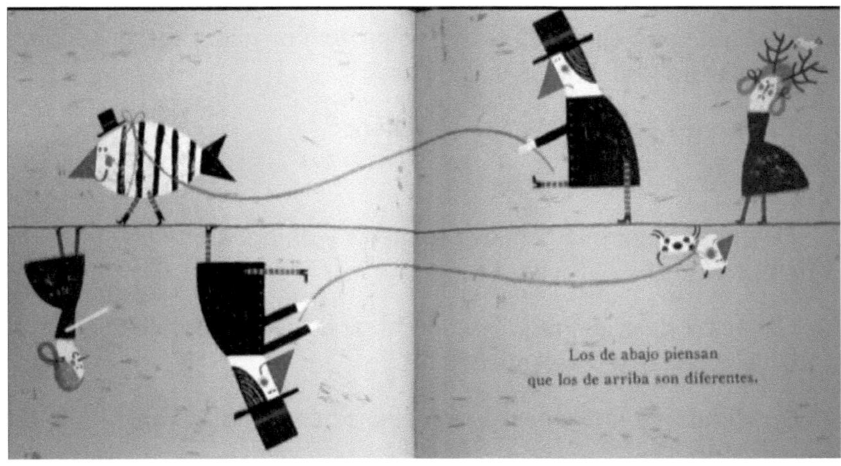

¿Observamos diferencias importantes?

4. <u>Los dos hemisferios terrestres.</u>

Presentamos el globo terráqueo y establecemos un paralelismo entre las dos realidades simultáneas mostradas en el cuento y la división de la Tierra en hemisferios.

En el plano climático, los hemisferios tienen una inversión de las estaciones, es decir, cuando en el norte es verano, en el sur es invierno, y viceversa. Del mismo modo, en el cuento también aparece este aspecto reflejado.

Teniendo en cuenta todo esto, vamos a investigar qué fenómenos caracterizan a cada uno de los hemisferios terrestres. Podemos investigar, por ejemplo, sobre estos temas que seguro suscitan interés entre los alumnos y alumnas:

- Estaciones del año en cada hemisferio.

- Línea imaginaria del Ecuador.

- Diferencias entre la cantidad de tierra y de agua que hay en cada hemisferio.

- Situación de algunos países en el globo terráqueo atendiendo al hemisferio al que corresponden.

- Búsqueda de imágenes de la celebración de la Navidad en cada hemisferio.

5. <u>Creamos nuestros dos mundos con plastilina.</u>

Utilizando como idea la que se expone en el cuento, vamos a proponer a los alumnos y alumnas que realicen con plastilina personajes inventados. Deben de ser prácticamente iguales, pero con alguna diferencia entre ellos, igual que se refleja en las ilustraciones.

Utilizando una cinta, dividiremos en dos un espacio destinado para colocar los personajes (puede ser un mural, un corcho, una parte del suelo de la clase, del pasillo...). Y cada niño o niña decidirá qué personaje coloca en el mundo de arriba y qué personaje en el mundo de abajo. Con nuestra composición crearemos una exposición que podrán visitar otros estudiantes, docentes o las propias familias.

6. Culturas del mundo.

Si tenemos en el grupo niños y niñas de diferentes países, para esta actividad seleccionaremos las culturas de los mismos, para que sea significativo. Si no tenemos mucha variedad, el docente puede seleccionar algunos países cuyas culturas sean diferentes entre sí.

Dividiremos a los alumnos en parejas o pequeños grupos para investigar aspectos importantes de cada país. Para facilitar el trabajo, podemos dar a cada equipo una plantilla como la que sigue con el fin de que se centren en el contenido.

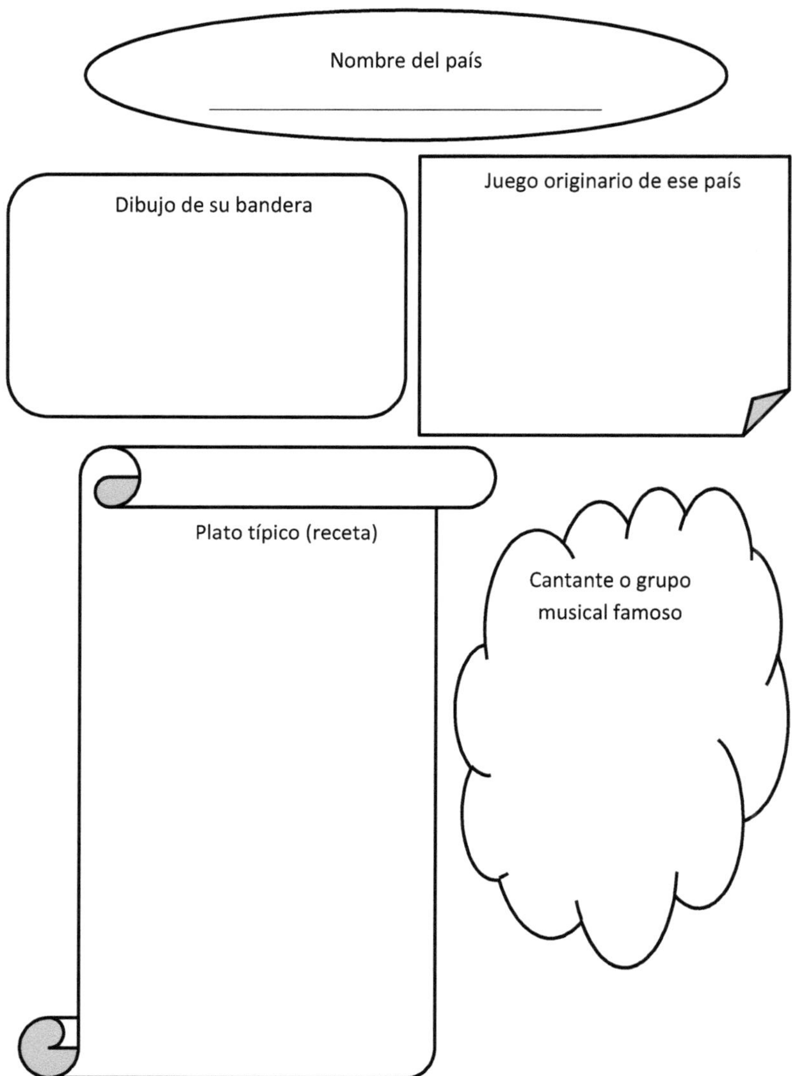
Nombre del país
Dibujo de su bandera
Juego originario de ese país
Plato típico (receta)
Cantante o grupo
musical famoso

4. CONCLUSIÓN

Los docentes de Educación Primaria tienen un gran abanico de posibilidades en sus manos con la utilización de los cuentos en cualquier nivel de la etapa. Existen un sinfín de opciones para todos los gustos y todas las edades.

Las aplicaciones prácticas de los cuentos propuestos son solo ideas que pueden llevarse a cabo de la forma en la que están desarrolladas o bien pueden ser el inicio de un proyecto de mayores dimensiones ya que, a veces, el trabajo de un cuento en el aula nos sorprende gratamente con nuevas experiencias y nuevos horizontes que explorar. Incluso, el trabajo de los cuentos de forma habitual suele ser una fuente de motivación para alumnos y alumnas a la hora de escribir los suyos propios.

Por tanto, el trabajo de la lengua en sus cuatro habilidades (hablar, escuchar, leer y escribir), puede darse a través del trabajo de cualquier tipo de texto real, incluido el cuento, no solo con niños pequeños sino también con "los mayores del cole". Únicamente hay que ofrecerles la posibilidad y disfrutar con ellos de semejante propuesta.

Printed by Books on Demand GmbH, Norderstedt / Germany